paprika

La collection design&designer est éditée par
PYRAMYD NTCV
15, rue de Turbigo
75002 Paris France

Tél. : 33 (0)1 40 26 00 99
Fax : 33 (0)1 40 26 00 79
www.pyramyd-editions.com

©PYRAMYD NTCV, 2007

Direction éditoriale : Michel Chanaud, Céline Remechido
Édition : Émilie Lamy assistée de Nolwen Lauzanne
Traduction : Paul Jones
Correction : Paula Gouveia-Pinheiro
Conception graphique du livre : Agnès Dahan
Conception graphique de la couverture : Pyramyd NTCV
Conception graphique de la collection : Super Cinq

ISBN : 978-2-35017-103-6
ISSN : 1636-8150
Dépôt légal : 2d semestre 2007

Imprimé en Italie par Eurografica

paprika

préfacé par andré marois

Ma première rencontre avec Louis Gagnon eut lieu pendant le concours Grafika 2001. Il en était le président et m'avait invité comme juré un peu spécial : je suis un homme de mots et non d'images. Cette expérience fut déterminante. Louis demeurait attentif, sûr de lui, respectueux des avis de chacun, mais toujours ouvert à un point de vue différent. Cette année-là, le niveau était bon, à l'exception des annonces publicitaires qui pêchaient par un manque criant de raffinement, de talent et de travail. Cela me souffla une idée d'histoire : *Du cyan plein les mains*. Une nouvelle dont le héros, un designer graphique intègre et scrupuleux (largement inspiré par ma blonde), décide de supprimer tous ceux qui produisent des choses hideuses. Son cri de guerre : À mort le laid !

Voilà ce qui pourrait résumer Paprika : éliminer la laideur de notre quotidien. Quand on regarde leur portfolio, les mêmes qualificatifs reviennent : sobriété, intelligence, équilibre et élégance. Mais tout en douceur, porté par la puissance du bon goût. Frédéric Metz, directeur du programme de design graphique de l'Université du Québec à Montréal (UQAM), le définit ainsi : « Paprika intemporel. Studio épicé hors modes, qui les devance, sans jamais suivre les artifices du graphisme ratoureux (québécisme pour malhonnête). Ses gestes minimalistes traitent l'espace avec virtuosité, laissant au récepteur respirer l'air indispensable de survie, évitant ainsi les dédales de cette surenchère cool

I first met Louis Gagnon during the 2001 Quebec Grafika competition. He was chairing the jury and had invited me, a man of words – not images – to contribute from my perspective. The experience also gave me insights into how the chairman operated. Louis remained attentive at all times, self-assured, respectful of everyone's opinion but was always open to different points of view. That year the quality of the entries was quite good except for the advertising category, which was noticeably short on refinement, talent and a healthy work ethic. In fact, it was bad enough to inspire me with an idea for a short story: *Du cyan plein les mains* ("Cyan-spattered hands"). The heroine, a graphic designer with a conscience and integrity (largely based on my better half), decides to wipe out all sources of hideous things. Her battle cry: death to ugliness!

That battle cry could also sum up Paprika's *raison d'être*: to remove what is ugly from everyday life. Scan their portfolio and the same adjectives come to mind time and again: disciplined, intelligent, balanced and elegant, with everything gently but effectively conveyed by the power of good taste. Frederic Metz, director of the graphic design program at the Université du Québec à Montréal (UQAM), nicely summed up their approach.

rencontrée partout ailleurs. L'esprit Paprika survivra aux courants puisqu'il les évite. » Pas étonnant que le musée national des Beaux-Arts du Québec ait acquis une vingtaine de leurs réalisations pour les intégrer à sa collection permanente.

Un des atouts de Paprika, c'est justement cette absence de faux pas. Année après année, le niveau monte et se maintient largement au-dessus de la moyenne. Paprika signe ici le premier livre d'une agence nord-américaine dans la collection «design&designer». Cette place est méritée mais elle est aussi symptomatique. On ne peut pas prétendre qu'il existe une grande tradition du design au Québec, voire au Canada. Nous ne sommes pas en Hollande, ni en Suisse. La province est jeune et il faut croire que le désir de créer de l'esthétique se développe avec l'âge. Montréal fut fondée en 1642, il y a un plus de 360 ans. En grandissant, nos goûts s'affirment. La poutine, plat emblématique et grossier, composé de frites, de fromage en grains et de sauce brune, est désormais proposée dans une recette au foie gras par le chef Martin Picard du restaurant *Au Pied de Cochon.* L'envie de raffinement n'est pas une passade dans la Belle Province. Le fait que Montréal ait été élue en 2006 « Ville Unesco du design » reflète parfaitement cette émergence sur la scène internationale. On peut affirmer que Paprika a largement participé à cette évolution salutaire.

"Paprika is timeless. A classy studio that is above fashions, ahead of them, without ever aping the cute graphic tricks so many fall victim to. Paprika's minimalist style treats space with virtuosity, letting the audience breathe in their fresh approach, free of the maze of cool one-upmanship you see everywhere else. The studio's spirit will survive trends because it is above them." Little wonder that the Musée National des Beaux-Arts du Québec has acquired some 20 different Paprika productions for its permanent collection.

One of Paprika's strengths is precisely that it never puts a wrong foot forward. Year after year the studio raises the bar. It is the first North American agency featured in the "design&designer" series. They've certainly earned their place and in a land not generally associated with good design. There is no historical design tradition in Quebec, or in Canada, for that matter. There's no mistaking Quebec for the Netherlands or Switzerland…yet. The province is still young and it would seem that the desire to create beauty develops with age. Montreal was founded in 1642, a relative babe in arms by European standards. But tastes are becoming more refined. *Poutine,* a hearty and popular dish of French fries, shredded cheese and gravy, is now on the menu in a recipe

Fondé en 1991, par Joanne Lefebvre et Louis Gagnon, le studio est installé dans des locaux à son image sur la rue Laurier : une architecture sobre, fonctionnelle, à taille humaine. Lorsqu'on vient en visite dans la salle de réunion, on ne voit pas l'équipe travailler. Il y a pourtant juste à côté une dizaine de personnes à l'ouvrage : designers et communicateurs expérimentés, dont les seniors René Clément et François Leclerc, piliers de l'endroit depuis cinq et dix ans. On n'entend pas un bruit. Et ce n'est pas là un signe de froideur, mais plutôt une approche rigoureuse, concentrée, studieuse. Sereine, disons. Depuis cette date, Paprika a obtenu plus de 400 prix d'excellence décernés par les concours nationaux et internationaux : AIGA, Applied Arts Design Awards, Art Directors Club et Type Directors Club de New York, British Design and Art Direction, Communication Arts, *Coupe Magazine,* Grafika, Graphex, Graphis, HOW International et *I.D. Magazine.* Plus que la quantité, c'est la régularité qu'il convient de saluer. Elle démontre le travail de fond.

À chaque remise de prix du concours québécois Grafika à laquelle j'ai assisté, Paprika rafle une majorité de trophées, mais l'attitude des gagnants demeure identique : on remercie, on sourit poliment et puis voilà. Les cris de joie et le champagne à profusion, ce n'est pas le genre de la maison. Dans un article qui leur est consacré dans le magazine *Communication Arts,* Louis explique que ces concours

with foie gras at chef Martin Picard's famous Au Pied de Cochon restaurant. Design and the pursuit of the beautiful are also on the menu in "La Belle Province". Montreal's election as the 2006 Unesco City of Design is a good example and Paprika has played more than a minor role in this welcomed development.

Established in 1991 by Joanne Lefebvre and Louis Gagnon, the studio is housed in premises that reflect its own ima¬ge on Rue Laurier: the architecture is restrained, functional, and very much on a human scale. From the conference room, visitors do not see the team hard at work. Yet a team of ten very busy people is right next door… experienced designers and communicators, including veterans like René Clément and François Leclerc. The silence is more than golden and signifies not aloofness and disdain but rather an approach that is exacting and studious. A very focused serenity. To date, Paprika has won more than 400 awards at national and international competitions, including AIGA, Applied Arts Design Awards, Art Directors Club and Type Directors Club of New York, British Design and Art Direction, Communication Arts, Coupe Magazine, Grafika,

sont importants pour se «jauger» avec ce qui se produit partout ailleurs. Gagner, c'est gratifiant, mais surtout, ça permet de s'assurer qu'on est toujours dans le coup. On participe à un mouvement, et ce, quels que soient le type de production et le budget alloué.

Ainsi, Paprika réussit un tour de force dans une catégorie tellement éculée : la carte de vœux. Avec l'imprimeur Transcontinental Litho Acme, les souhaits se transforment en objets de culte. J'ai chez moi, présentés sur mes étagères, des envois qui remontent à 2001. Tout d'abord, un calendrier de l'Avent dont les carrés détachables dévoilent des chocolats dans un écrin de carton dense et creusé. Une fois les douceurs avalées, l'emballage trône à la manière d'un tableau. Voilà la preuve ultime de la réussite. La conservation prouve que l'envoi a dépassé sa fonction pour atteindre le rang de pièce de collection. Les agendas de 2004 et 2005 sont des livres à feuilleter sans fin. Une photo originale illustre chaque jour. Les douze mois développent chacun un thème différent. La quantité de travail pour amasser ces bijoux est phénoménale. Là encore, comment ne pas garder cet agenda, même si son millésime est obsolète? L'un des deux derniers projets en date : *Le grand livre des napperons,* où sont reproduites recto verso les photos grandeur nature d'assiettes de différents styles – années cinquante, Empire, british et baroque. Pensent-ils vraiment qu'on va utiliser ces merveilles pour manger? L'ultime à ce jour :

Graphex, Graphis, HOW International and I.D. Magazine. That's quite a list in itself but it is the consistency, more than the quantity that is really what is most commendable, for it demonstrates how the studio's solid foundation generates real long-term success.

At each Grafika gala that I've attended, Paprika always walks away with the lion's share of the awards, and always with the same, unchanging attitude. They give thanks, they smile politely, and they step away, letting their work do the talking. In a recent feature article in *Communication Arts*, Louis explained that competitions are important to measure oneself against what is being produced everywhere else. Winning is satisfying, of course, but it mainly shows that you're still in the game, part of a movement, whatever the type of production or budget allocated.

Paprika has even managed to achieve a veritable tour de force in a well-worn category like greeting cards. Working with Transcontinental Litho Acme, Paprika has transformed season's greetings into sought-after

une série de seize feuilles d'emballage conçues à partir d'une encre et d'un papier à usage détourné. Je n'ose pas les offrir, je veux les garder pour moi. Ma fille les a affichées sur le mur de sa chambre, comme des posters.

Parmi les clients emblématiques de Paprika, je citerai en premier lieu Baronet. Ce fabricant de meubles québécois a confié à l'équipe de Joanne Lefebvre et Louis Gagnon sa communication visuelle depuis de nombreuses années. L'ensemble de leurs réalisations est prestigieux, avec un point particulier accordé au design d'exposition des showrooms. Cette catégorie a longtemps été peu représentée, exploitée et maîtrisée par les autres studios montréalais. Paprika semble à l'inverse trouver là un support de création inspirant. Le spectaculaire des formats n'enlevant jamais rien à l'esprit graphique minimaliste. Le contraire de la surenchère. Parmi les autres clients qui me semblent avoir vraiment marqué la production « paprikienne », il y a entre autres (il faut malheureusement procéder à des choix), Periphere, la galerie-boutique Commissaires, l'Office national du film du Canada (ONF) et les hôtels Le Germain. À Montréal comme à Toronto, Paprika a développé une panoplie complète de créations pour ces hôtels-boutiques aussi chics que chaleureux. Papeterie, signalisation, emballages… chaque élément répond au précédent et s'inscrit dans le cadre du suivant.

cult objects. I have their season's best going back all the way to 2001 on my bookshelves at home…including a New Year's calendar whose detachable squares reveal chocolates in niches of dense, hollowed-out cardboard. Once the treats have been eaten, the packaging stands on its own like a picture. In this case, the proof of the pudding is not in the eating but in the keeping, making them true collector's items. The 2004 and 2005 agendas can be leafed through en¬dlessly with an original photo illustrating each day and with a different theme for each month. Then there's *Le grand livre des napperons* ("The Big Book of Place Mats"), with double-sided life¬-size reproductions of Fifties, Empire, British and Baroque plates. Do they really think people will eat off these marvels? And most recently: a series of 16 sheets of wrapping paper designed with remaindered ink and redeployed paper… and simply too beautiful to use for wrapping presents. My daughter has actually put them up on her bedroom wall like posters. Such gems take a phenomenal amount of work to produce but their lasting power makes them more than worth it.

Avec Periphere, Paprika atteint sa quintessence : l'épuration est extrême. Le logo, avec son « h » en forme de chaise, exprime à la fois la fonction et l'esprit. Les meubles de cette marque s'exposent hors du temps. Commissaires : cette très originale galerie-boutique ne s'est pas trompée en confiant à Paprika la réalisation de ses invitations et de ses affiches pour chaque événement très pointu. Ainsi, la typographie créée à partir d'épingles à cheveux pour l'exposition « Madame Chose », qui rassemble des objets exclusivement conçus par des créatrices actuelles, frappe par son humour, son efficacité et son style. Les différentes créations pour la galerie-boutique Commissaires présentent une nouvelle facette du travail de Paprika : plus éclaté, plus drôle aussi. On sent une totale liberté, ce que confirme Pierre Laramée, associé avec Josée Lepage, de ce lieu unique sur le boulevard Saint-Laurent : « La relation entre Commissaires et Paprika est exemplaire et privilégiée. Un thème, des paramètres plutôt bien définis, une recherche d'idées immédiates, dépouillées, loin des tics et des tendances, le contact exclusif avec Louis. Quelques propositions, parfois une seule ; on achète vite ou, si on hésite, on précise aisément. Il en résulte chaque fois de très belles choses, toujours appropriées, démontrant le très grand talent de Louis Gagnon et de son équipe. On souhaiterait ce type de rapport à tous, on est privilégiés que Paprika nous le consente. »

Among Paprika's representative clients, Baronet is one that first comes to mind. The Quebec furniture maker has relied on Louis Gagnon, Joanne Lefebvre and their team for its visual communications needs for many years. Every execution adds to the company's prestige, with special care paid to trade show exhibits and showrooms. Few other Montreal studios have been able to master this milieu and none to the extent that Paprika has. The spectacular quality of the formats they've developed for Baronet never detracts from the true minimalist spirit. Other clients rewarded by an association with Paprika (choices must be made, unfortunately) include Periphere, Commissaires Gallery and the National Film Board of Canada. Paprika has also developed a full range of stunning creations for Le Germain boutique hotels, everything from stationery and signage to packaging, where each new item follows precisely from the last and dovetails flawlessly into the next.

All the essence of Paprika is brought to bear on Periphere in an extremely pared-down style. The logo, with its "h" in the form of a chair, expresses both the function and the spirit of the brand with the furniture shown

L'ONF, enfin. Il est intéressant de noter que trois des quatre rapports annuels élaborés par l'équipe de Louis Gagnon et Joanne Lefebvre font partie de leurs réalisations les plus primées. Chaque concept développé concentre bien sûr le maximum d'information financière, mais surtout, il alloue autant d'espace à l'essentiel : le cinéma et ses artisans. Laurie Jones, directrice générale des communications et développement des réseaux, explique ainsi cette réussite : « Paprika a été l'ingrédient magique dans la refonte de notre identité. Après avoir transformé notre logo, ils ont apporté de l'élégance et de la créativité à nos rapports annuels, plaçant la barre à un niveau qu'aucune autre firme de design n'avait atteint. Ils ont vu le potentiel dans les images puissantes des films de l'ONF et, pour eux, les budgets restreints et les contraintes sont plus stimulants que limitatifs. » La réputation de qualité de l'un semble avoir déteint sur l'autre.

Depuis 2003, Louis Gagnon enseigne à l'UQAM, prolongement naturel de son implication dans le milieu. Frédéric Metz : « Dévoué, disponible mais ferme, Louis Gagnon débarque dans les salles de cours, son charisme sous le bras. Son besoin de transmission du savoir, de la rigueur, de la conception fondée, offre aux étudiants le support idéal. Solidement ancré dans ce monde du graphisme en perpétuelle mouvance, Louis réussit à diffuser son message en harmonie avec l'évolution des étudiants. »

in a timeless setting. The highly original Commissaires Gallery made no mistake in commissioning Paprika to create invitations and posters for each of its events. The hairpin typeface created for the "Madame Chose" exhibition, featuring works by contemporary female designers, was strikingly humorous, effective and stylish. The range of Commissaires creations shows a new facet of Paprika's work… funkier and funnier, too. One senses a total freedom, a feeling confirmed by Pierre Laramée, Josée Lepage's associate at this unique venue on Boulevard Saint-Laurent. "Commissaires and Paprika were made for each other. There's always a theme, tightly defined parameters, a search for immediate, stripped-down ideas that are light years from what is merely trendy, not to mention exclusive contact with Louis. All it takes is a proposal or two, sometimes just one, and we're sold. If we show any sign of hesitation, adjustments are made on the spot. The result is unfailingly beautiful and totally appropriate every time, proof of the great talent of Louis Gagnon and his team. We wish we could have this kind of relationship with everyone."

Le mot de la fin revient à Ellen Shapiro du magazine *Communication Arts:* « Everything is better with a little dash of Paprika » (Tout a plus de goût avec une légère pincée de Paprika). Il y a de ça : Louis, Joanne et leur équipe ajoutent un soupçon de piquant pour des œuvres d'avant-garde qui résistent au temps et frappent l'imaginaire. La recherche constante de l'essentiel, l'épurement et la beauté, ont trouvé là le lieu idéal pour s'épanouir.

André Marois
Rédacteur publicitaire et écrivain

The last word goes to Ellen Shapiro at *Communication Arts*: "Everything is better with a little dash of Paprika." There's certainly something in that. Louis, Joanne and their team have what it takes to produce avant-garde work with an edge, one that sparks the imagination and stands the test of time. But that's what good design is all about, after all.

André Marois
Copywriter and author

MONTREAL, OTTAWA, TORONTO, VANCOUVER, NEW YORK, MIAMI, WASHINGTON, CHICAGO, DANIA BEACH, LOS ANGELES, SEATTLE, LONDON

www.periphere.com

PAGES 12 À 15 :
BROCHURE RÉALISÉE POUR
LE FABRICANT DE MEUBLES PERIPHERE
PHOTOGRAPHIES : MICHEL TOUCHETTE
ET RICHARD BERNARDIN
LITHOGRAPHIE, 21,6 x 27,95 CM
MONTRÉAL, 2001

PAGES 12 TO 15:
BROCHURE PRODUCED FOR FURNITURE
MAKER PERIPHERE
PHOTOGRAPHS: MICHEL TOUCHETTE
AND RICHARD BERNARDIN
LITHOGRAPH, 21.6 x 27.95 CM
MONTREAL, 2001

 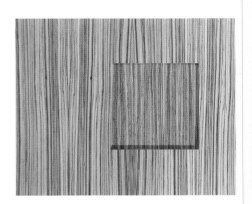

PAGES 16 À 19 :
BROCHURE RÉALISÉE POUR
LE FABRICANT DE MEUBLES PERIPHERE
PHOTOGRAPHIES : CARL LESSARD
LITHOGRAPHIE, 22,85 x 30,5 CM
MONTRÉAL, 2004

PAGES 16 TO 19:
BROCHURE PRODUCED FOR
FURNITURE MAKER PERIPHERE
PHOTOGRAPHS: CARL LESSARD
LITHOGRAPH, 22.85 x 30.5 CM
MONTREAL, 2004

rer de l'air du temps
r les objets nous parler

designergußsap / 061 / PAPRIKA

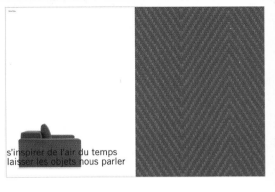

s'inspirer de l'air du temps
laisser les objets nous parler

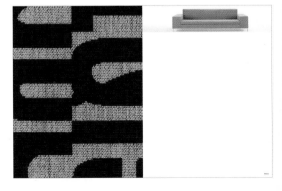

**Thin
Seat**

PAPETERIE DE L'AGENCE PAPRIKA
PAPIER À EN-TÊTE, ENVELOPPE,
CARTE DE VISITE
LITHOGRAPHIE, UN PANTONE®
MONTRÉAL, 2006

STATIONERY FOR PAPRIKA
LETTERHEAD, ENVELOPE,
BUSINESS CARD
LITHOGRAPH, ONE PMS COLOUR
MONTRÉAL, 2006

les Jeux olympiques

BROCHURE PRÉSENTANT LES RÉALISATIONS
RÉCOMPENSÉES LORS DU CONCOURS
DE DESIGN, NUARS D'UNISOURCE CANADA
PHOTOGRAPHIES : MONIC RICHARD
LITHOGRAPHIE QUATRE COULEURS
ET UN PANTONE® ARGENTÉ
MONTRÉAL, 2006

BROCHURE PRESENTING AWARD-WINNING
WORK FROM THE NUARS COMPETITION
HELD BY UNISOURCE CANADA
PHOTOGRAPHS: MONIC RICHARD
LITHOGRAPH, CMYK AND ONE PMS SILVER
MONTRÉAL, 2006

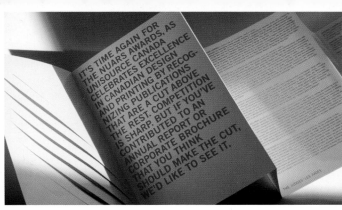

IT'S TIME AGAIN FOR THE NUARS AWARDS, AS UNISOURCE CANADA CELEBRATES EXCELLENCE IN CANADIAN DESIGN AND PRINTING BY RECOGNIZING PUBLICATIONS THAT ARE A CUT ABOVE THE REST. COMPETITION IS SHARP, BUT IF YOU'VE CONTRIBUTED TO AN ANNUAL REPORT OR CORPORATE BROCHURE THAT YOU THINK SHOULD MAKE THE CUT, WE'D LIKE TO SEE IT.

MAKING THE CUT

INVITATION POUR LE CONCOURS NUARS
ORGANISÉ PAR UNISOURCE CANADA
FERMÉE : 14 x 21,6 CM,
OUVERTE : 70 x 21,6 CM
LITHOGRAPHIE QUATRE COULEURS
IMPRESSION METALFX®
MONTRÉAL, 2006

CALL FOR ENTRY FOR THE NUARS
COMPETITION, HELD BY UNISOURCE CANADA
CLOSED: 14 x 21.6 CM, OPEN: 70 x 21.6 CM
LITHOGRAPH, CMYK AND METALFX® PRINTING
MONTRÉAL, 2006

T : 514 598 9988
F : 514 527 1492

1008, BOULEVARD SAINT-JOSEPH EST
MONTRÉAL (QC) CANADA ...

...AGE INC

SOCIÉTÉ CANADIENNE DE COURTAGE INC
COURTIER IMMOBILIER AGRÉÉ

T : 514 598 9988
F : 514 527 1492

SOCIÉTÉ CANADIENNE DE COURTAGE INC
COURTIER IMMOBILIER AGRÉÉ
1008, BOULEVARD SAINT-JOSEPH EST
MONTRÉAL (QC) CANADA H2J 1L1

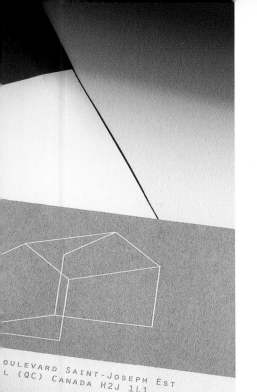

OULEVARD SAINT-JOSEPH EST
L (QC) CANADA H2J 1L1

STATIONERY FOR SOCIÉTÉ CANADIENNE
DE COURTAGE INC.
LETTERHEAD, ADDITIONAL PAGE
AND ENVELOPE
LITHOGRAPH
MONTRÉAL, 2002

PAPETERIE POUR LA SOCIÉTÉ
CANADIENNE DE COURTAGE INC.
PAPIER À EN-TÊTE, PAGE DE SUITE
ET ENVELOPPE
LITHOGRAPHIE
MONTRÉAL, 2002

PAGES 28 À 31 :
IDENTITÉ, LOGO ET SIGNALÉTIQUE
DE L'HÔTEL LE GERMAIN
MONTRÉAL, 1999

PAGES 28 TO 31 :
HÔTEL LE GERMAIN
IDENTITY PROGRAM,
LOGO AND SIGNAGE
MONTRÉAL, 1999

234, rue **Baronet**, C.P. 580
Sainte-Marie (Québec)
Canada G6E 3B8
T. 418 387-5431
F. 418 386-4427
http://www.baronet.ca

Ivan L. Lacroix
ilacroix@baronet.ca

PAPETERIE RÉALISÉE POUR B2,
ENTREPRISE DE FABRICATION
DE MEUBLES AFFILIÉE À BARONET
LITHOGRAPHIE
MONTRÉAL, 2004

STATIONERY DESIGNED FOR B2,
A FURNITURE MAKER
AFFILIATED TO BARONET
LITHOGRAPH
MONTRÉAL, 2004

PAPETERIE DU FABRICANT
DE MEUBLES BARONET
COORDONNÉES GAUFRÉES À BLANC
LOGO IMPRIMÉ EN NOIR ET GAUFRÉ
MONTRÉAL, 2003

STATIONERY FOR FURNITURE MAKER BARONET
CONTACT DETAILS RAISE-EMBOSSED, NO INK
LOGO RAISE-EMBOSSED, PRINTED BLACK
MONTRÉAL, 2003

CATALOGUE RÉALISÉ POUR BARONET
SUR LE THÈME DE L'ANNÉE DU SINGE
ILLUSTRATION : BRIAN CRONIN
LITHOGRAPHIE, 29,2 x 37,75 CM
MONTRÉAL, 2004

CATALOGUE PRODUCED FOR BARONET
ON THE THEME OF THE YEAR OF THE MONKEY
ILLUSTRATION: BRIAN CRONIN
LITHOGRAPH, 29.2 x 37.75 CM
MONTRÉAL, 2004

...numéro du catalogue de Baronet a été complètement...
...e but de vous informer des multiples façons de...
...us entraînera dans un univers où règne l'exclusivité...
...vironnement tout en respectant vos besoins et votre...
...ion du monde unique, au-delà d'une simple image d...
...ace à partir des qualités fondamentales et ess...
...tures, on sent toutes sortes de liens avec divers...
...net, on poursuit une riche tradition d'ébénisterie...
...du design contemporain. Fabriquées selon des...
...es et des tendances actuelles d'un pays à l'autre...
...antes qui forment notre village global. Nous vous invi...
...tre guise. Vous y trouverez de précieux renseignem...
...eurs, styles... enfin tout
...lairé... sans compromis.

THIS EDITI

...redesigned to provide information and inspiration that...
...unity in diversity as you discover how Baronet can res...
...eeds while allowing you to express your personal style...
...sion of the world, not just literal renderings but artistic...
...rves, lines and textures that we associate with places...
...a rich creative woodworking tradition that encompass...
...gn as well as harmonies that abound in the many...
...llage. We invite you to browse through the pages of...
...ation on each Baronet collection...dimensions, materials...
...e choice that's right for you...without compromise.

« LIGHTBOX »
SALON D'EXPOSITION BARONET
FOIRE COMMERCIALE DE HIGH POINT
CAROLINE DU NORD, ETATS-UNIS, 2002

"LIGHTBOX"
BARONET SHOWROOM
HIGH POINT TRADE FAIR
NORTH CAROLINA, USA, 2002

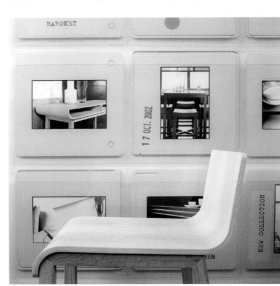

« POLKA DOT »
SALON D'EXPOSITION BARONET SILVER
FOIRE COMMERCIALE DE HIGH POINT
CAROLINE DU NORD, ÉTATS-UNIS, 2005

"POLKA DOT"
BARONET SILVER SHOWROOM
HIGH POINT TRADE FAIR
NORTH CAROLINA, USA, 2005

« BARONET SWEET BARONET »
SALON D'EXPOSITION BARONET
FOIRE COMMERCIALE DE HIGH POINT
CAROLINE DU NORD, ÉTATS-UNIS, 2006

"BARONET SWEET BARONET"
BARONET SHOWROOM
HIGH POINT TRADE FAIR
NORTH CAROLINA, USA, 2006

designereußsap / 061 / PAPRIKA

41

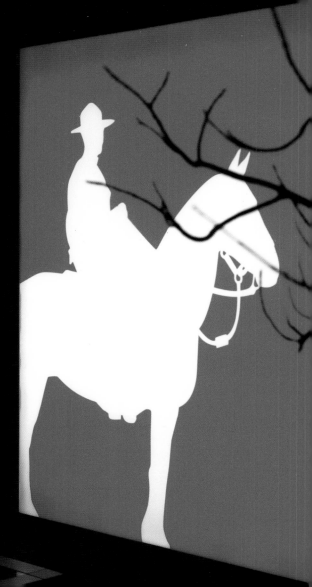

« PURE CANADIAN PRODUCT »
SALON D'EXPOSITION BARONET
FOIRE COMMERCIALE DE HIGH POINT
CAROLINE DU NORD, ÉTATS-UNIS, 2006

"PURE CANADIAN PRODUCT"
BARONET SHOWROOM
HIGH POINT TRADE FAIR
NORTH CAROLINA, USA, 2006

« SILVER »
SALON D'EXPOSITION BARONET SILVER
FOIRE COMMERCIALE DE HIGH POINT
CAROLINE DU NORD, ÉTATS-UNIS, 2004

"SILVER"
BARONET SILVER SHOWROOM
HIGH POINT TRADE FAIR
NORTH CAROLINA, USA, 2004

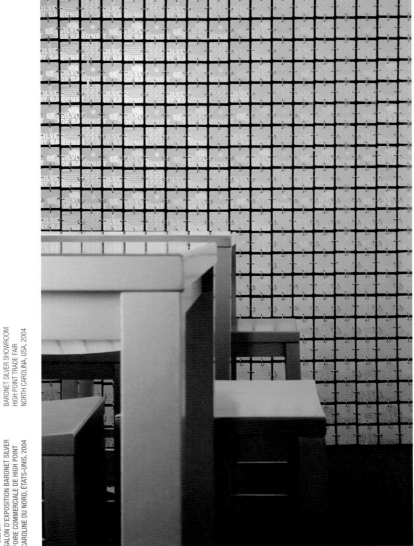

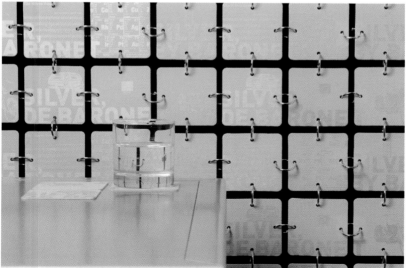

« VINGTIÈME ANNIVERSAIRE »
SALON D'EXPOSITION BARONET
CÉLÉBRANT LE VINGTIÈME ANNIVERSAIRE
DE SA PARTICIPATION À LA FOIRE
COMMERCIALE DE HIGH POINT
CAROLINE DU NORD, ÉTATS-UNIS, 2005

"TWENTIETH ANNIVERSARY"
BARONET SHOWROOM
EMPHASISING THE COMPANY'S
20-YEAR PARTICIPATION
IN HIGH POINT TRADE FAIR
NORTH CAROLINA, USA, 2005

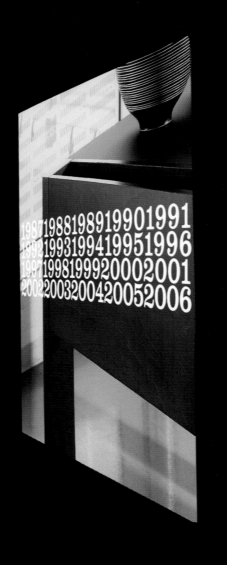

1987198819891990199119921993199419951996199719981999200020012002200320042005 2006

INVITATION À L'EXPOSITION
« LA COULEUR DE L'OMBRE »
À LA GALERIE-BOUTIQUE COMMISSAIRES.
TOUTES LES PIÈCES EXPOSÉES
ÉTAIENT DE COULEUR NOIRE
SÉRIGRAPHIE SUR PAPIER DE SOIE
MONTRÉAL, 2006

INVITATION TO THE "LA COULEUR DE L'OMBRE"
["COLOUR OF SHADOW"] EXHIBITION
STAGED AT COMMISSAIRES GALLERY-BOUTIQUE.
ALL EXHIBITED PIECES WERE BLACK
SCREENPRINT ON SILK PAPER
MONTRÉAL, 2006

PAGES SUIVANTES :
AFFICHE-INVITATION POUR L'EXPOSITION
« QUELQUES DESIGNERS DES PAYS-BAS »
À LA GALERIE-BOUTIQUE COMMISSAIRES
PRÉSENTANT EXCLUSIVEMENT DES OBJETS
DE DESIGNERS ORIGINAIRES DES PAYS-BAS.
LA CHAISE PRÉSENTÉE SUR L'AFFICHE
EST SIGNÉE MAARTEN BAAS
SÉRIGRAPHIE, 61 x 91,5 CM
MONTRÉAL, 2006

NEXT PAGES:
INVITATION-POSTER DESIGNED FOR
THE "QUELQUES DESIGNERS DES PAYS-BAS"
["A FEW DESIGNERS FROM NETHERLANDS"]
EXHIBITION AT COMMISSAIRES GALLERY-BOUTIQUE
FEATURING ONLY ITEMS BY DUTCH DESIGNERS.
ON THE POSTER, A CHAIR BY MAARTEN BAAS
SCREENPRINT, 61 x 91,5 CM
MONTRÉAL, 2006

Vous avez été retenu(e)

Une galerie d'objets choisis
vous invite à venir faire

la découverte de

"Quelques designers des

Pays-Bas"

et à assister à l'ouverture officielle de commissaires, le jeudi 17 octobre 2003 dès 18 heures, au 5296, boul. St-Laurent

Vous avez été retenue

~ Une galerie d'objets choisis
Vous invite à venir faire

la découverte de

"Quelques designers des

Nᵒ: **0046**
COMMISSAIRES

74-(888) 5zz6, boul. St-Laurent, Montréal, QC h2t 1s1

Nᵒ: **0096**
COMMISSAIRES

74-(888) 5zz6, boul. St-Laurent, Montréal, QC h2t 1s1

PAPETERIE NUMÉROTÉE POUR
LA GALERIE-BOUTIQUE COMMISSAIRES
CHAQUE PIÈCE EST UNIQUE
PAPIER À EN-TÊTE, ENVELOPPE,
CARTE DE VISITE
LITHOGRAPHIE UNE COULEUR
ET IMPRESSION TYPOGRAPHIQUE
POUR LE NUMÉROTAGE
MONTRÉAL, 2006

NUMBERED STATIONERY CREATED FOR
COMMISSAIRES GALLERY-BOUTIQUE
EACH PIECE IS UNIQUE
LETTERHEAD, ENVELOPE
AND BUSINESS CARD
LITHOGRAPH ONE COLOUR AND
LETTERPRESS FOR THE NUMBERING
MONTRÉAL, 2006

54

AFFICHE POUR L'EXPOSITION
« VERY BROOKLYN »
À LA GALERIE-BOUTIQUE COMMISSAIRES
REGROUPANT DES ŒUVRES DE DESIGNERS
ORIGINAIRES DE BROOKLYN
SÉRIGRAPHIE, 61 x 91,5 CM
MONTRÉAL, 2007

POSTER CREATED FOR THE "VERY BROOKLYN"
EXHIBITION AT COMMISSAIRES
GALLERY-BOUTIQUE FEATURING WORK
BY DESIGNERS FROM BROOKLYN
SCREENPRINT, 61 x 91.5 CM
MONTRÉAL, 2007

Very Brooklyn. Parmi ce qui se fait de plus intéressant
dans le borough, commissaires a réuni uniquement
des pièces des designers dont le travail sera montré
pour la première fois au Canada.
Entre autres, des luminaires sculpturaux de David Weeks,
les créations poétiques de Rob Teeters, les coussins
objets uniques de Historically Inaccurate, les lampes
de Nicholas Furrow assemblées à partir de verre
antique et certaines pièces de Hive Mind Design,
Matt Gagnon et Alissia M.T.
En cours à partir du 20 mars 2007.
Vernissage le 29 mars 2007, dès 18h00.
5226, rue Saint-Laurent 514-274-4888

COMMISSAIRES

AFFICHE POUR L'EXPOSITION
« WOW MART »
À LA GALERIE-BOUTIQUE COMMISSAIRES
SÉRIGRAPHIE, 61 x 91,5 CM
MONTRÉAL, 2006

POSTER CREATED FOR
THE "WOW MART" EXHIBITION HELD
AT COMMISSAIRES GALLERY-BOUTIQUE
SCREENPRINT, 61 x 91,5 CM
MONTRÉAL, 2006

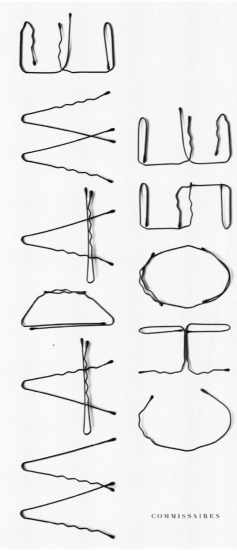

AFFICHE-INVITATION POUR
L'EXPOSITION « MADAME CHOSE »
À LA GALERIE-BOUTIQUE COMMISSAIRES,
OÙ LES ŒUVRES ONT TOUTES ÉTÉ
RÉALISÉES PAR DES FEMMES.
SÉRIGRAPHIE, 58,4 x 88,9 CM
MONTRÉAL, 2006

INVITATION-POSTER FOR
THE "MADAME CHOSE" EXHIBITION
AT COMMISSAIRES GALLERY-BOUTIQUE.
ALL THE EXHIBITED PIECES WERE
DESIGNED BY WOMEN.
SCREENPRINT, 58.4 x 88.9 CM
MONTRÉAL, 2006

COMMISSAIRES

Les choses que font
Madame Bless,
Madame Johnson,
Madame van Eijk,
Madame Blain,
Madame Tsé-Tsé,
Madame Stickley,
Madame Goneau,
Madame Pap,
Madame MT,
Madame Jongerius,
Madame Cihat et
Madame Brugnoni
de Pandora.

Vernissage Madame Chose
et premier anniversaire
de Commissaires,
le jeudi 5 octobre à 18 h.
Madame Chose,
jusqu'à la fin de novembre.
5226, rue Saint-Laurent
514-274-4888

RESSUSCIT

DEUXIME VIE DES CH

CE POST-OPÉRATI
EZ COMMISSA
006 DÈS 18HRS
S ET AUX 5.5 DE

EN PRÉSENCE DES 5.5 DESIGNERS, DES PIÈCE

TRANSFORMÉ POUR L'OCCASION EN HÔPITAL D

EUILLEZ AVOIR EN MAIN VOTRE CARTE D'ASSURANC

S POUR L'ÉVÉNEMENT REHAB, LES 20 ET 21 MAI À LA BOUTIQUE CITE, 131 GREENE ST

AFFICHE, VITRINE ET INVITATION
POUR L'EXPOSITION « RESSUSCITER »
À LA GALERIE-BOUTIQUE COMMISSAIRES.
LES 5.5 DESIGNERS Y PRÉSENTAIENT
UNE SÉRIE DE LEURS CRÉATIONS.
SÉRIGRAPHIE, 61 x 91,5 CM
MONTRÉAL, 2006

POSTER, WINDOW DISPLAY AND INVITATION
FOR THE "RESSUSCITER" EXHIBITION
AT COMMISSAIRES GALLERY-BOUTIQUE.
THE 5.5 DESIGNERS PRESENTED
A SERIES OF THEIR PIECES.
SCREENPRINT, 61 x 91.5 CM
MONTRÉAL, 2006

ÉCOLE BUISSONNIÈRE YEAR SCHOOL BOOK
INSPIRED BY PHOTO BOOTHS
PHOTOGRAPHS: PAPRIKA
DIGITAL PRESS, 4,45x21.6 CM
MONTRÉAL, 2003

BOTTIN DE L'ÉCOLE BUISSONNIÈRE
INSPIRÉ DES PHOTOMATONS
PHOTOGRAPHIES : PAPRIKA
PRESSE NUMÉRIQUE, 4,45x21,6 CM
MONTRÉAL, 2003

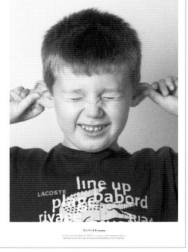

ÉCOLE BUISSONNIÈRE YEAR SCHOOL BOOK
PHOTOGRAPHS: MONIC RICHARD
BLACK AND WHITE LITHOGRAPH
30,5x43,2 CM
MONTRÉAL, 2006

BOTTIN DE L'ÉCOLE BUISSONNIÈRE
PHOTOGRAPHIES : MONIC RICHARD
LITHOGRAPHIE NOIR ET BLANC
30,5x43,2 CM
MONTRÉAL, 2006

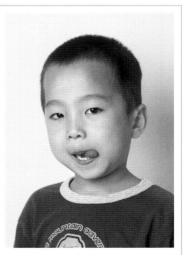

MAX 2.48 m

000 LIRE DUEMILA
PAGABILI A VISTA AL PORTATORE

IL GOVERNATORE

IL CASSIERE

46699 H   BANCA D'ITALIA   KB 14

G. M

VEN

STAZIONE
FERROVIARI   CANAL GRANDE

SANTA POLO   RIALTO

SAN MARCO

CASTE

BACINO DI
SAN MARCO

DORSODURO   CANAL GRANDE

Lagoon of Venice

PAGES 62 À 65 :
INVITATION AU BAL VENEZIA
ORGANISÉ PAR LA FONDATION DU MUSÉE
D'ART CONTEMPORAIN DE MONTRÉAL
OUVERTE : 43,2 x 66,7 CM
FERMÉE : 15,25 x 22,2 CM
LITHOGRAPHIE
MONTRÉAL, 2003

PAGES 62 TO 65:
INVITATION TO VENEZIA BALL
STAGED BY THE FOUNDATION OF THE
MONTREAL MUSEUM OF CONTEMPORARY ART
OPEN: 43.2 x 66.7 CM
CLOSED: 15.25 x 22.2 CM
LITHOGRAPH
MONTRÉAL, 2003

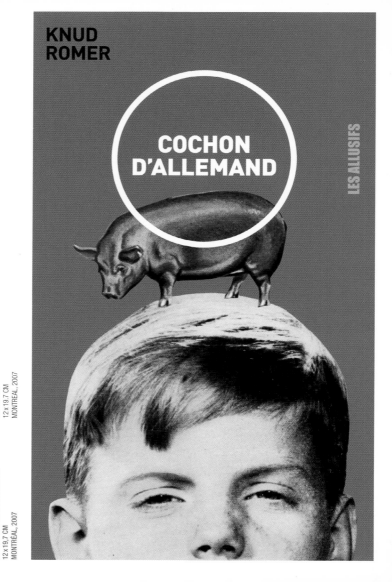

PAGES 66 À 69 :
ROMANS PUBLIÉS
AUX ÉDITIONS LES ALLUSIFS
ILLUSTRATEUR : ALAIN PILON
IMPRESSION QUATRE COULEURS
12 x 19,7 CM
MONTRÉAL, 2007

PAGES 66 TO 69:
NOVELS PUBLISHED
BY ÉDITIONS LES ALLUSIFS
ILLUSTRATOR: ALAIN PILON
CMYK PRINT
12 x 19,7 CM
MONTRÉAL, 2007

VLADAN
MATIJEVIĆ

LES AVENTURES
DE MINETTE
ACCENTIÉVITCH

LES ALLUSIFS

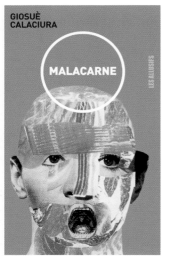

GIOSUÈ CALACIURA

MALACARNE

LES ALLUSIFS

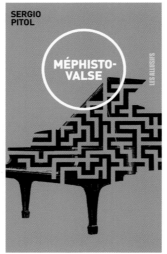

SERGIO PITOL

MÉPHISTO-VALSE

LES ALLUSIFS

HAROLD SONNY LADOO

YESTERDAYS

LES ALLUSIFS

JEAN-FRANÇOIS
BEAUCHEMIN

LE JOUR DES
CORNEILLES

LES ALLUSIFS

HELONEIDA
STUDART

LE BOURREAU

LES ALLUSIFS

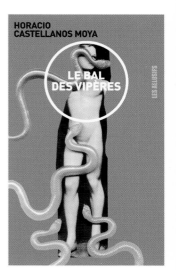

HORACIO
CASTELLANOS MOYA

LE BAL
DES VIPÈRES

LES ALLUSIFS

tella

BROCHURE POUR TELLA, FABRICANT
DE MOBILIER COMMERCIAL SUR MESURE
PHOTOGRAPHIE : HEIDI HOLLINGER
ET PAPRIKA
15,4 x 15,4 CM
MONTRÉAL, 2005

BROCHURE FOR TELLA, A MAKER
OF TAILOR-MADE COMMERCIAL FURNITURE
PHOTOGRAPH: HEIDI HOLLINGER
AND PAPRIKA
15,4 x 15,4 CM
2005, MONTREAL

tella

TAILOR-MADE OFFICE FURNITURE

WENDY YERSH
CUSTOMER SER
WENDY@TELLA

TELLA
161, AVENUE
LASALLE, Q
T. 514 364
F. 514 368
WWW.TEL

A H8R 3P3
 1 800 268-0511

M

PAPETERIE POUR TELLA
LITHOGRAPHIE ET DÉCOUPE
MONTRÉAL, 2005

STATIONERY FOR TELLA
LITHOGRAPH AND DIE-CUT
MONTRÉAL, 2005

PAPETERIE RÉALISÉE POUR LA POURVOIRIE
AUBERGE DE LA GATINEAU
PAPIER A EN-TÊTE, ENVELOPPE
ET CARTE DE VISITE
LITHOGRAPHIE DEUX PANTONE®, DÉCOUPE
MONTRÉAL, 2006

STATIONERY FOR OUTFITTER AUBERGE
DE LA GATINEAU
LETTERHEAD, ENVELOPE AND BUSINESS CARD
LITHOGRAPH, TWO PMS COLOURS, DIE-CUT
MONTRÉAL, 2006

DISTANCES FROM:
OTTAWA • 260 KM
MONTREAL • 355 KM
QUEBEC CITY • 610 KM
KINGSTON • 855 KM
NEW YORK • 950 KM

VENISE	CSK3	117 MN
	CST8	120 MN
...VILLE	CSA7	158 MN
SANT (LA MACAZA)	CYFJ	52 MN
...NEAU	CYOW	97 MN
	CY QB	181 MN
	CSE9	74 MN
C2BM		161 MN

...COME
...RGE DE LA
...NEAU

AUBERGE DE LA GATINEAU (BASKATONG LAKE)
50 ELMWOOD, MONTREAL, QUEBEC H2V 2E4
T: 514 273-4734 · 1 800 804-4724
(SUMMER) 819 449-4142
WWW.AUBERGE-GATINEAU.COM

FISHING

CHASSE

Ours, Orignal, Bécasse et Perdrix

VOICI UNE **CHANCE INOUÏE** POUR TOUS LES CHASSEURS DE SE RETROUVER DANS UNE ZONE TRÈS GIBOYEUSE S'ÉTENDANT SUR **60 KM²**. ET QUEL CHOIX ! VOUS TROUVEREZ SUR UN TERRITOIRE AMÉNAGÉ (**CACHES, SENTIERS ET SALINES**), À DROITS EXCLUSIFS, PLUSIEURS ESPÈCES DONT L'ORIGNAL, L'OURS NOIR, LA PERDRIX (GÉLINOTTE ET TÉTRAS), LA BÉCASSE ET LE LIÈVRE. DE PLUS, POUR VOTRE GROS GIBIER, NOUS VOUS OFFRONS LE RAMASSAGE, LA PRÉPARATION ET L'EMBALLAGE DE VOS PRISES, EN PLUS DES SERVICES D'UN GUIDE SUR DEMANDE.

LES VRAIS MORDUS DE PÊCHE SERONT ENCHANTÉS LORS DE LEUR SÉJOUR À L'AUBERGE DE LA GATINEAU. LA PÊCHE Y EST EXCEPTIONNELLE AU PRINTEMPS COMME À L'AUTOMNE. QUE CE SOIT LE DORÉ, LE BROCHET, L'ESTURGEON, LA **TRUITE** MOUCHETÉE OU LA TRUITE GRISE, LES AMATEURS LES PLUS EXIGEANTS SERONT COMBLÉS PAR L'ABONDANCE, LA VIGUEUR ET LA QUALITÉ DES PRISES. L'AUBERGE DE LA GATINEAU OFFRE LA VENTE DE PERMIS DE PÊCHE ET DE DROITS D'ACCÈS, VERS, MÉNÉS ET APPÂTS, EN PLUS DE LA LOCATION D'EMBARCATIONS ET DE MOTEURS.

BROCHET DORÉ TRUITE

BROCHURE RÉALISÉE POUR LA POURVOIRIE AUBERGE DE LA GATINEAU
IMPRESSION QUATRE COULEURS ET UN PANTONE®
MONTRÉAL, 2006

BROCHURE FOR OUTFITTER AUBERGE DE LA GATINEAU
CMYK AND ONE PMS COLOUR
MONTREAL, 2006

designer@ußisap / 061 / PAPRIKA

AFFICHE RÉALISÉE POUR LE MONTRÉAL
JAZZ BIG BAND À L'OCCASION DE SON
QUINZIÈME ANNIVERSAIRE
SÉRIGRAPHIE TROIS COULEURS
61 x 91,5 CM
MONTRÉAL, 2004

POSTER CREATED FOR THE MONTRÉAL
JAZZ BIG BAND 15TH ANNIVERSARY
SCREENPRINT, THREE COLOURS
61 x 91,5 CM
MONTRÉAL, 2004

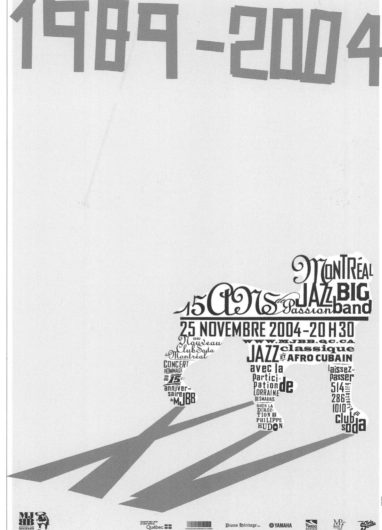

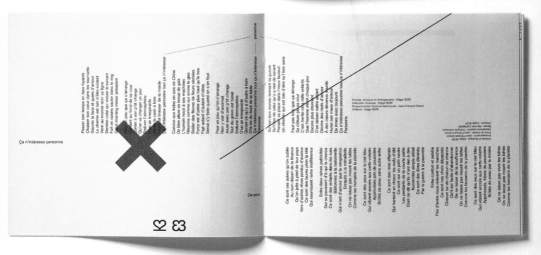

edgar
BORI
changer d'air

Ça n'intéresse personne

Passer son temps en faux-fuyants
Chasser son cœur dans les tourments
Saveur la face et guérir d'amour
Le chemin est loin d'être croquant
Venir au monde tenir sa ligne
Derrière celui qui ensuie le toamant
Fort en raisins sauter dans le trou
Sujet morning mister président
....
Pour un peu que ça s'arrange
Qu'il soit au fond de sa cour
Douter à son p'tit change
Qu'on va changer un jour
Endurer l'atmosphère
L'air irrespirable
Le cœur à taire
Qu'il pleuve le brasour de la maude
Ça n'intéresse personne tout ça n'intéresse
personne

Conçive aux Indes en soie de Chine
De fière allure en tenue de gala
L'humain nous à ses machines
Réécome sommes qu'à sonne la gala
Soder des fleuves de fleurs séchées
Force est d'peine plus haut qu'le trou
Figé autant d'autant d'idées
Servil s'y faire quand on s'en fout
....
Pour un peu qu'on b'arrange
Rien y voir d'anormal
Jouer avec son p'tit change
Tout du grave est banal
D'un air irresplable
Du'ta vie du tout de la table
Ça n'intéresse personne tout ça n'intéresse
personne

Du bon bon monde formant sa gunsie
Su l'âge de celui qu'à un sens se sonsit
Prendre la place dans l'mous fauteuil
Un chien'un qui est loin d'être fau t bon sens
Faut pas que que ça dérange
Sa clôture pousuy cœur
C'est l'rente c'est rolle enfants
Que l'homme enlut changer jour
Encore plus étonnant
D'en laisser naître argent
Gritche mots à taire rangrite
A des cœurs devenus
Hurler ses mues d'amoun
D'un arns seins leur tours
Ça n'intéresse personne toutça n'intéresse
personne

....

Ce sont ces autres qu'on oublie
Au nom désert de la finance
Qu'on jette à pied de leur pays
Vers d'autres rêves points d'vue
Ce sont des tours plein la télé
Qui nourrissant notre indifférence

Entre deux réres publicités
Qui se pouvent d'à qui la chance
Ce sont des enfants dans les rues
Qu'il n'ont d'amour que ta vengeance
Entreits à la nuintralité
On va laisse pas avoir les bilies
Comme les humains de la planète

Ce sont des yeux sur le ciel bleu
Qui virent encore aux cerfs-volants
Approvidais pris de poussière
Brûlés de peau sans autre enfer
Qui harend en choeur les nuits d'été
Qui sont sur un petit matin
Les pendants de la courte paille
Dont on dit qu'ils n'ont rien à dire
Numérodès simple clôtat
Ce sont des êtres détroités
Par la guerre à la pauvreté

Entre confort et satiète
Peu d'entre nous relevent les manches
Chacun sa réir choix déployés
Qu'il est facile d'abandonner
De te laisse de les souffrance
On va laisse pas avoir les bilies
Comme les humains de la planète

Ce sont des yeux sur le ciel bleu
Qui virent encore aux cerfs-volants
Approvidais, tètes de poussière
Brûlés de peau par la misère
On ne laisse pas avec les belles
On va laisse pas avoir les bilies
Comme les humains de la planète

Paroles, Musique et Arrangements : Edgar BORI
Exécution musicale : Edgar BORI
Programmation Guitares électriques : Jean-François Girard
Chœurs : Edgar BORI

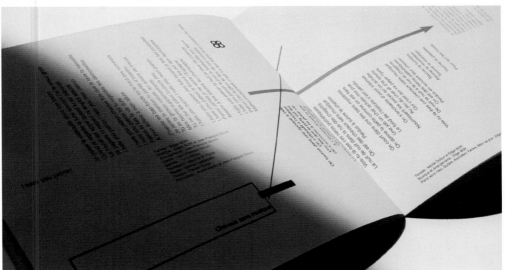

POCHETTE ET LIVRET DE CD RÉALISÉS
POUR L'AUTEUR-COMPOSITEUR
ET INTERPRÈTE BORI
IMPRESSION QUATRE COULEURS,
14,1 x 12,4 CM
MONTRÉAL, 2002

CD COVER AND BOOKLET FOR
SONGWRITER/PERFORMER BORI
CMYK PRINT, 14,1 x 12,4 CM
MONTRÉAL, 2002

IDENTITÉ POUR SUITE 88
CHOCOLATIER
MONTRÉAL, 2006

IDENTITY FOR SUITE 88
CHOCOLATIER
MONTRÉAL, 2006

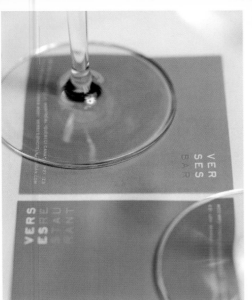

IDENTITÉ DU RESTAURANT VERSES
SITUÉ DANS LE HALL DE L'HÔTEL NELLIGAN
CLIENT : VERSES RESTAURANT
MONTRÉAL, 2002

IDENTITY PROGRAM
FOR VERSES RESTAURANT
IN THE LOBBY OF HÔTEL NELLIGAN
CLIENT: VERSES RESTAURANT
MONTRÉAL, 2002

designerau8isap / 061 / PAPRIKA

N

HOTEL NELLIGAN

IDENTITÉ DE L'HÔTEL NELLIGAN
DONT LE NOM EST INSPIRÉ PAR
LE CÉLÈBRE POÈTE CANADIEN,
ÉMILE NELLIGAN
MONTRÉAL, 2002

IDENTITY PROGRAM FOR
HÔTEL NELLIGAN, WHOSE NAME
WAS INSPIRED BY ÉMILE NELLIGAN,
A FAMOUS CANADIAN POET
MONTRÉAL, 2002

PAGES 88 À 93 :
CATALOGUES RÉALISÉS POUR LES
DÉTAILLANTS DE MEUBLES MAISON CORBEIL
LITHOGRAPHE, 21.6 x 27.95 CM
MONTRÉAL, 2002-2006

PAGES 88 TO 93:
CATALOGUES FOR RETAILERS OF FURNITURE
RETAILERS OF MAISON CORBEIL
LITHOGRAPH, 21.6 x 27.95 CM
MONTRÉAL, 2002-2006

SOMMAIRE

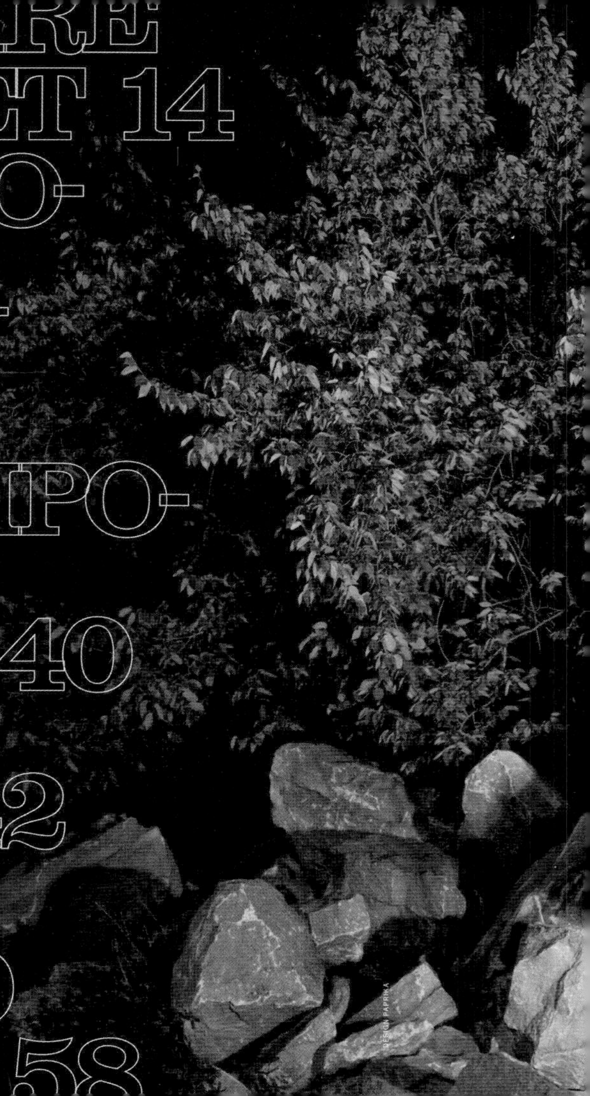

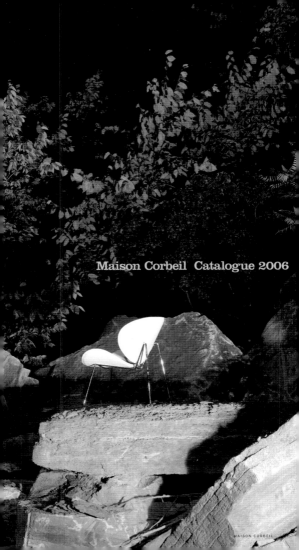

Maison Corbeil Catalogue 2006

CATA
LOGUE
06

Des formes ailées, un confort bien assis... toute blanche,
– on la surnomme Beluga – elle s'installe partout dans
votre intérieur. Elle aime la convivialité de la table
à manger, anime d'un jumelage affirmé les deux
côtés du buffet ou s'organise en tête-à-tête thé ou café,
autour d'un guéridon. Son effet origami ne contredit
en rien les ambiances classiques. Il les sublime.

Un véritable roc... de douceur dans votre salon. La rigueur
de ses formes s'oppose à la rondeur de ses angles pour
favoriser un confort serein. En toute indulgence, son
profil bas et son design simplissime autorisent les
allongées impromptues du dimanche. Un cuir surpiqué,
des pieds à peines visibles, un dossier relevable, et voilà
Mischa parfaitement à l'aise dans votre ambiance.

Ses variantes ont pris le nom de grands rois, depuis
Louis XVI jusqu'à Georges III, mais son confort et
sa prestance restent inchangés. Au fil des années,
le petit fauteuil à médaillon s'est permis diverses
dérives et il pousse aujourd'hui l'audace jusqu'à se
mêler aux décors les plus modernes, aux ambiances
les plus inattendues. À revoir en page 24.

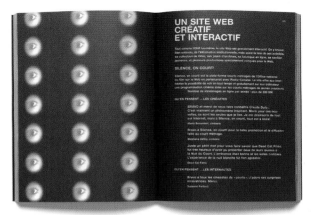

PAGES 94 À 97 :
RAPPORT ANNUEL DE L'OFFICE NATIONAL
DU FILM DU CANADA (ONF)
LITHOGRAPHIE, 13,4 x 19 CM
MONTRÉAL, 2004

PAGES 94 TO 97:
ANNUAL REPORT FOR THE NATIONAL
FILM BOARD OF CANADA (NFB)
LITHOGRAPHY, 13,4 x 19 CM
MONTRÉAL, 2004

NATIONAL FILM BOARD OF CANADA
2003-2004 ANNUAL REPORT

NFB

Obáchan's Garden

Obáchan's Garden

RAPPORT ANNUEL DE L'OFFICE NATIONAL
DU FILM DU CANADA (ONF)
LITHOGRAPHIE UN PANTONE®, CHANGEMENT
DE PAPIER ET DE COULEUR À CHAQUE SECTION
COUVERTURE ESTAMPÉE À CHAUD
EN DEUX COULEURS
14 x 21,6 CM
MONTRÉAL, 2002

ANNUAL REPORT FOR THE NATIONAL
FILM BOARD OF CANADA (NFB)
LITHOGRAPH ONE PMS COLOUR
AND PAPER CHANGE PER SECTION
COVER HOT-STAMPED WITH TWO COLOURS
14 x 21.6 CM
MONTREAL, 2002

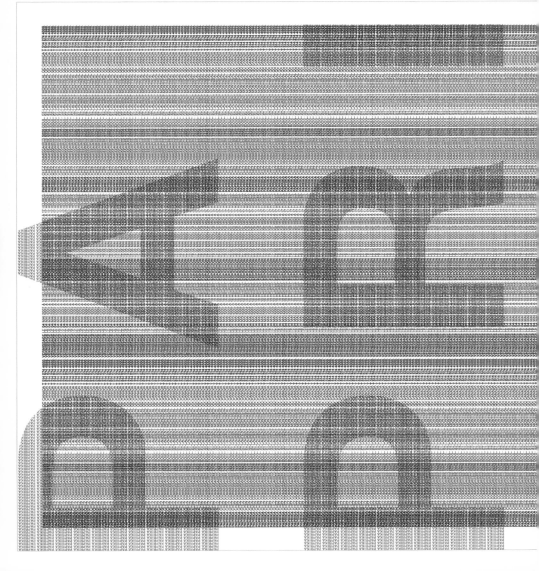

AFFICHE DE L'EXPOSITION « PAPRIKA »
À LA GALERIE-BOUTIQUE COMMISSAIRES
DANS LE CADRE DES JOURNÉES
« PORTES OUVERTES DESIGN MONTRÉAL »
SÉRIGRAPHIE, 61 x 91,5 CM
MONTRÉAL, 2007

POSTER FOR THE "PAPRIKA" EXHIBITION
HELD AT COMMISSAIRES GALLERY-BOUTIQUE
AS PART OF THE "DESIGN MONTRÉAL
OPEN HOUSE" EVENT
SCREENPRINT, 61 x 91,5 CM
MONTRÉAL, 2007

PIÈCE AUTOPROMOTIONNELLE
BOÎTE DE CHOCOLATS AVEC 25 COMPARTIMENTS
INDIVIDUELS ET COUVERCLES LAMINÉS.
ASSEMBLAGE DE CARTONS DÉCOUPÉS
ET COLLÉS.
PASTILLES EN LITHOGRAPHIE SUR FEUILLES,
LAMINÉES SUR CARTON ESKA BOARD
27,3 x 27 CM ET 3 x 3,175 CM
MONTRÉAL, 2002

SELF-PROMOTIONAL PIECE
BOX OF CHOCOLATES WITH 25 LAMINATED,
COVERED, INDIVIDUAL COMPARTMENTS.
ASSEMBLY OF CUT-OUT AND GLUED
CARDBOARD.
DISCS LITHOGRAPHED AND LAMINATED
ON ESKA BOARD
27.3 x 27 CM AND 3 x 3.175 CM
MONTRÉAL, 2002

PIÈCE AUTOPROMOTIONNELLE
BOÎTE EN FORME DE BÛCHE
CONTENANT 32 CARTES DE VŒUX POUR
TOUTES LES OCCASIONS DE L'ANNÉE.
BOÎTE : FEUILLE LITHOGRAPHIÉE
QUATRE COULEURS, RECOUVERTE
D'UNE BOÎTE EN ACRYLIQUE TRANSLUCIDE
EN ESKA BOARD LAMINÉ.
DIAMÈTRE : 25,4 CM
CARTES : LITHOGRAPHIE EN SIX COULEURS
MONTRÉAL, 2003

SELF-PROMOTIONAL PIECE
LOG-SHAPED BOX CONTAINING 32 GREETING
CARDS FOR ALL OCCASIONS IN THE YEAR.
BOX: LITHOGRAPHED SHEET, FOUR COLOURS,
COVERED BY A TRANSLUCENT ACRYLIC BOX
WITH LAMINATED ESKA BOARD COVER.
DIAMETER: 25,4 CM
CARDS LITHOGRAPHED, SIX COLOURS
MONTRÉAL, 2003

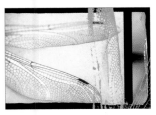  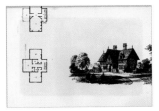

 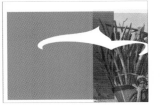 

  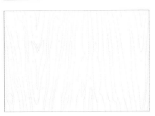

CINÉMAS
CINÉ SEXE

COCKTAIL
V8

Nov. 30, 1
Aged 80 y

15
NORD

Boul. Ste-R
16

AGENDA 2004
PIÈCE AUTOPROMOTIONNELLE
UN THÈME PAR MOIS
ET UNE IMAGE PAR JOUR
PHOTOGRAPHIES : PAPRIKA
IMPRESSION : TRANSCONTINENTAL LITHO ACME
LITHOGRAPHIE AVEC COUVERTURE
THERMOFORMÉE ET IMPRESSION AU TAMPON
13,4 x 15,1 CM
MONTRÉAL, 2003

AGENDA 2004
SELF-PROMOTIONAL PIECE
A THEME PER MONTH AND
ONE IMAGE FOR EACH DAY
PHOTOGRAPHS: PAPRIKA
PRINTER: TRANSCONTINENTAL LITHO ACME
LITHOGRAPH, THERMOFORMED COVER
AND PAD-PRINTED
13.4 x 15.1 CM
MONTREAL, 2003

omnienia | remembe
ych | old
days

Polskie Nagrania
MU2A
XL 023

MIECZYSŁA

05
Lundi ✦ *Monday*
23

LA REINE VICTORIA, FÊTE DE DOLLARD ✦ VICTORIA DAY, DOLLARD DAY

MIECZYSŁAW
FOGG

ROGER MIRON

ANDRÉ HÉBERT

24 COUNTRY WESTERN

KF 107

TEL
A LA

de VOLUME 2

Mardi † Tuesday
05
24

PAR VOS CHANTEURS ET
MUSICIENS PRÉFÉRÉS

WILLIE LAMOTHE
JEANNINE PERREAULT • RÉJEAN SAVOIE
JULIE et les frères DUGUAY • ROGER MIRON
HUBERT et HUGUETTE • JEAN BOUCHER
MICHEL DIOTTE • CLAUDE PATRY
ALDEI DUGUAY • GÉRARD ROUSSEL
LARRY ROBICHAUD • MARCEL MARTEL
ANDRÉ HÉBERT • PAUL BRUNELLE
MARIE LORD • NOELLA THER
ANDRÉ BRETON • LE VIRGINIE

MARCEL

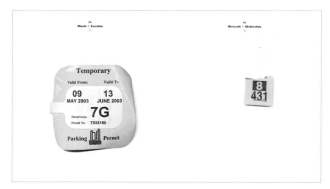

designer@ub8sap / 061 / PAPRIKA

PAGES 108 À 111 :
AGENDA 2005
PIÈCE AUTOPROMOTIONNELLE
UN THÈME PAR MOIS
ET UNE IMAGE PAR JOUR
PHOTOGRAPHIES : PAPRIKA
IMPRESSION : TRANSCONTINENTAL LITHO ACME
LITHOGRAPHIE AVEC BRODERIE
ET RELIURE CAISSE
13.5 x 16 CM
MONTRÉAL, 2004

PAGES 108 TO 111 :
AGENDA 2005
SELF-PROMOTIONAL PIECE
A THEME PER MONTH AND
ONE IMAGE FOR EACH DAY
PHOTOGRAPHS: PAPRIKA
PRINTER: TRANSCONTINENTAL LITHO ACME
LITHOGRAPH, CASEBOUND
13.5 x 16 CM
MONTRÉAL, 2004

LOST / PERDU

MOUSE

HE HAS BEEN MISSING SINCE TUESDAY NIGHT
(March 9TH 2004)
AND IS DEARLY MISSED BY HIS FAMILY.
807-1421 OR 495-7772

COUNT SMOKULA

TOBER 10th

LE GRAND LIVRE DES NAPPERONS
PIÈCE AUTOPROMOTIONNELLE
LIVRE CONTENANT HUIT SÉRIES
DE NAPPERONS EN PAPIER, DÉTACHABLES.
IMPRESSION : TRANSCONTINENTAL LITHO ACME
LITHOGRAPHIE ET IMPRESSION METALFX®
36 x 30,5 CM
MONTRÉAL, 2005

LE GRAND LIVRE DES NAPPERONS
["THE BIG BOOK OF PLACE MATS"]
SELF-PROMOTIONAL PIECE
BOOK CONTAINING EIGHT SERIES
OF DETACHABLE PAPER MATS.
PRINTER: TRANSCONTINENTAL LITHO ACME
LITHOGRAPH AND METALFX® PRINTING
36 x 30,5 CM
MONTREAL, 2005

PAGES 114 À 119 :
« PAPIER D'EMBALLAGE PAPRIKA »
PIÈCE AUTOPROMOTIONNELLE
BOÎTE DE PAPIERS D'EMBALLAGE
DONT LA COMBINAISON DE MOTIFS
ET DE COULEURS RÉSULTE D'UNE
EXPLORATION SUR PRESSE DE MOTIFS,
ENCRES ET SUPERPOSITIONS.
CHAQUE BOÎTE CONTIENT UNE SÉLECTION
DIFFÉRENTE DE SEIZE FEUILLES.
IMPRESSION : TRANSCONTINENTAL LITHO ACME
LITHOGRAPHIE, 70 x 100 CM
MONTRÉAL, 2006

PAGES 114 TO 119:
"PAPRIKA WRAPPING PAPER"
SELF-PROMOTIONAL PIECE
BOX OF GIFT WRAPPING WHOSE COMBINATION
OF MOTIFS AND COLOURS RESULTED
FROM AN ON-PRESS EXPLORATION
OF MOTIFS, INKS AND OVERLAYS.
EACH BOX CONTAINS A DIFFERENT
SELECTION OF SIXTEEN SHEETS.
PRINTER: TRANSCONTINENTAL LITHO ACME
LITHOGRAPH, 70 x 100 CM
MONTRÉAL, 2006

POST CARD

Meilleurs VOEUX

RÉCOMPENSES / AWARDS:

365: AIGA Annual Design Competitions, Applied Arts Design & Advertising Awards, Art Directors Club Annual Awards competition, Black Book AR:100, D&AD Global Awards, Communication Arts Design and Advertising Annual, Coupe International Design and Image, Creativity Gilvert Creative G3 Award, Grafika, Graphex, Graphis, How Self Promotion, I.D., Institut de Design Montréal, Neenah Paper, Nuar's Publish Design Contest, Studio Magazine Annual Awards, The One Show Design, Type Directors Club.

REMERCIEMENTS / ACKNOWLEDGEMENTS:

Merci à toute l'équipe des Éditions Pyramyd.

Merci à Marianne Girard et Jean Doyon.

Merci aux designers qui ont collaboré aux réalisations présentées dans ce livre : Richard Bélanger, Sébastien Bisson, René Clément, David Guarnieri, François Leclerc, Isabelle D'Astous, Amélie Fleurant, Louise Marois, Francis Turgeon.

Merci à nos collaborateurs : Richard Bernardin, photographe ; Brian Cronin, illustrateur ; Eric Leblanc, Transcontinental Litho Acmé ; Alain Pilon, illustrateur ; Monic Richard, photographe ; Michel Touchette, photographe ; Carl Lessard, photographe.

Thanks to all the team at Éditions Pyramyd.

Thanks to Marianne Girard and Jean Doyon.

Thanks to the designers who collaborated on the work presented in this book: Richard Bélanger, Sébastien Bisson, René Clément, David Guarnieri, François Leclerc, Isabelle D'Astous, Amélie Fleurant, Louise Marois, Francis Turgeon.

Thanks to our collaborators: Richard Bernardin, photographer; Brian Cronin, illustrator; Eric Leblanc, Transcontinental Litho Acmé; Alain Pilon, illustrator; Monic Richard, photographer; Michel Touchette, photographer; Carl Lessard, photographer.

www.paprika.com